EXTREME DOT PUZZLES BOOK WITH OVER 30000 DOTS

DOT TO DOT PUZZLE
BY VANESSA GOLDMAN

HORROR: CREEPY NIGHTMARE

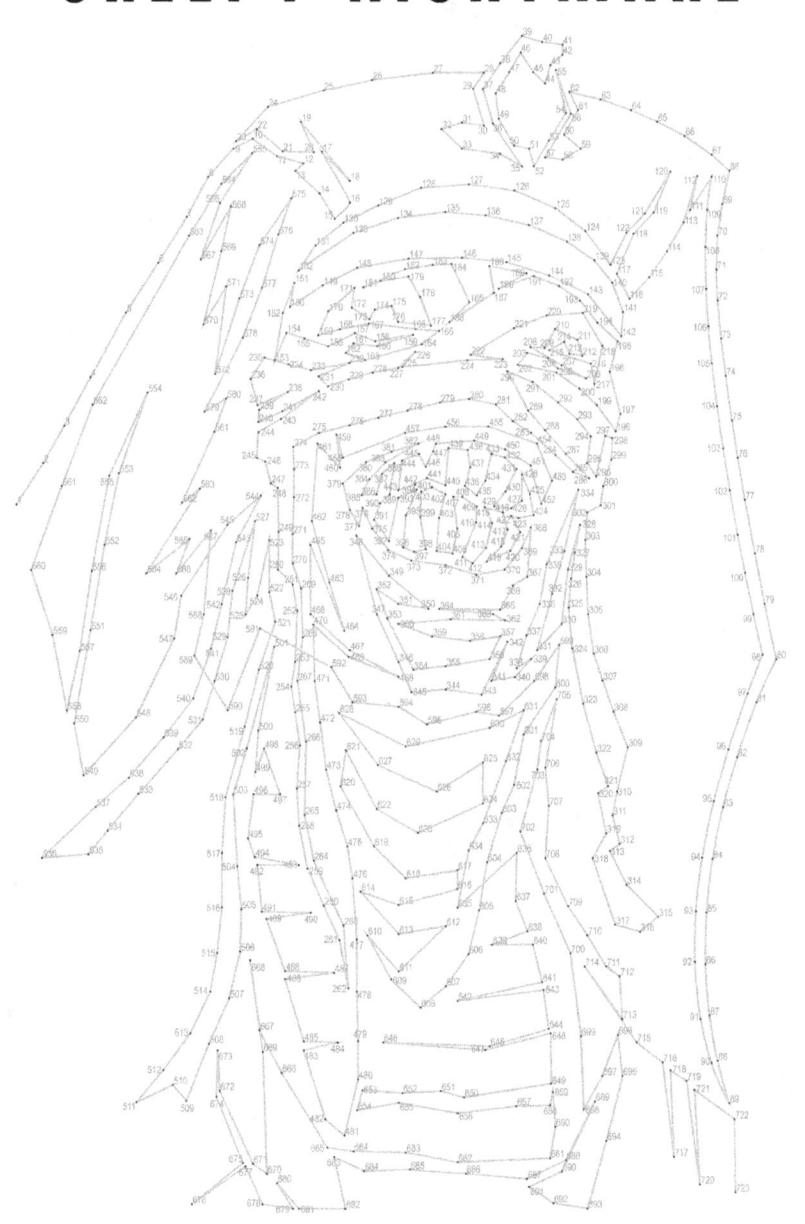

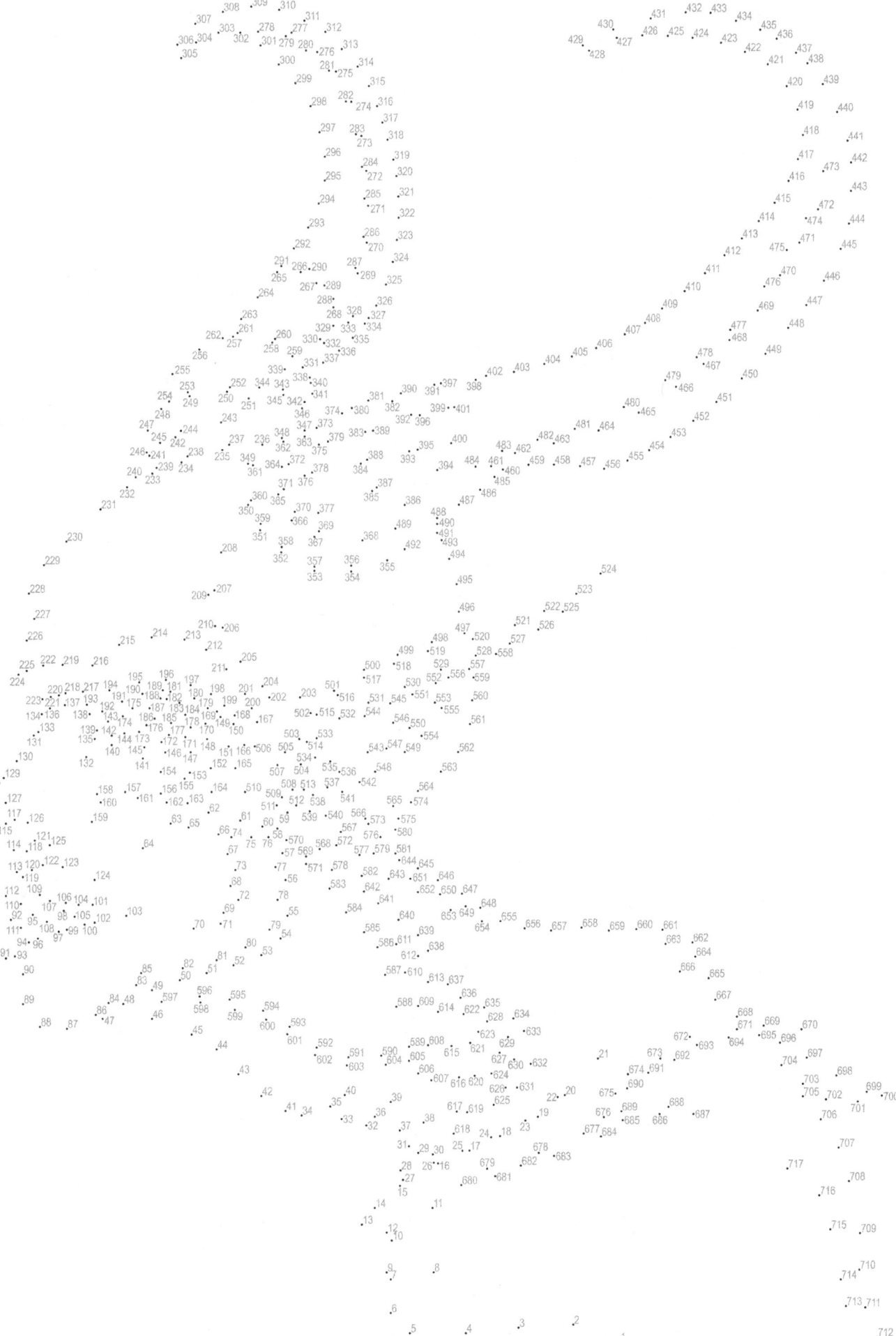

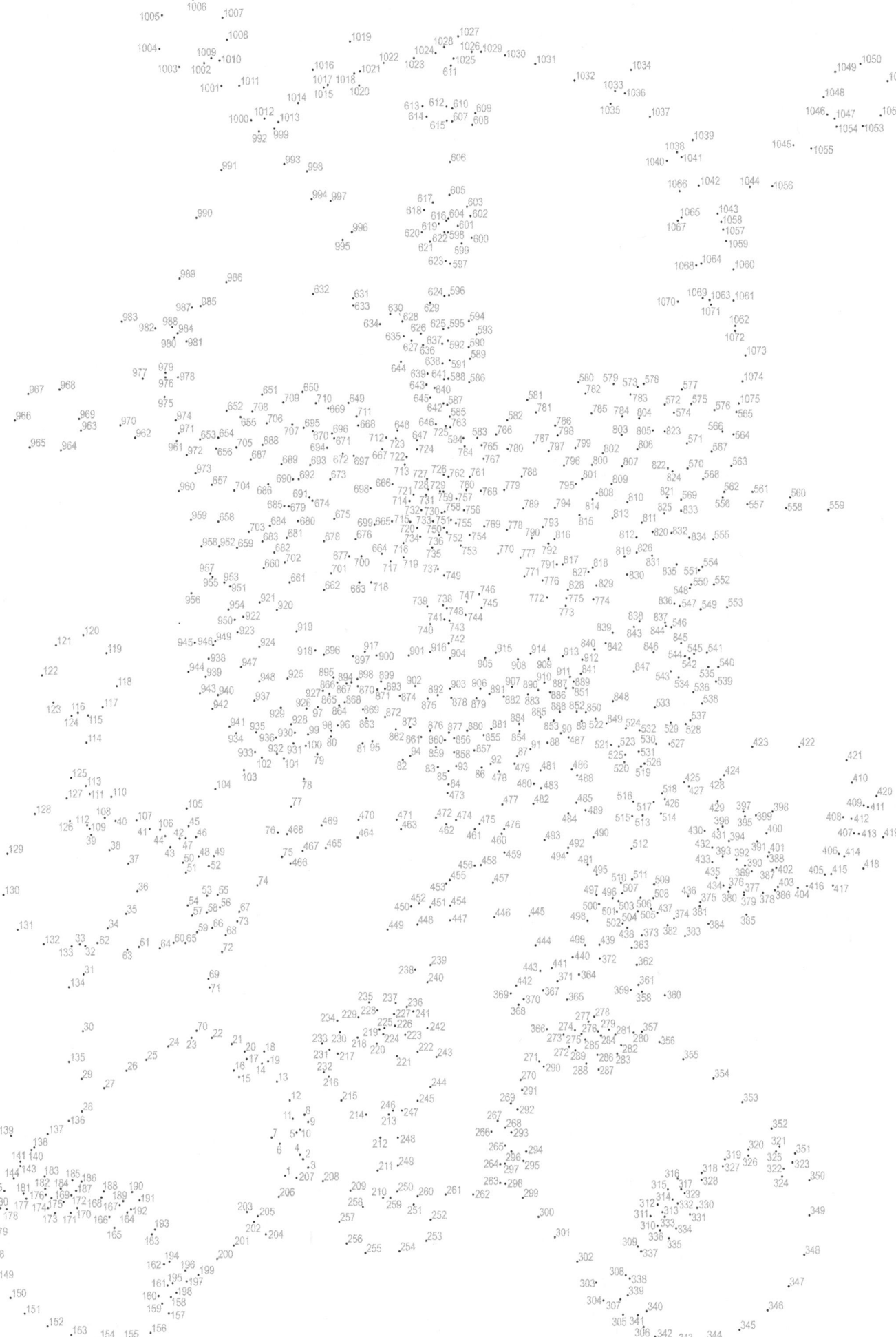

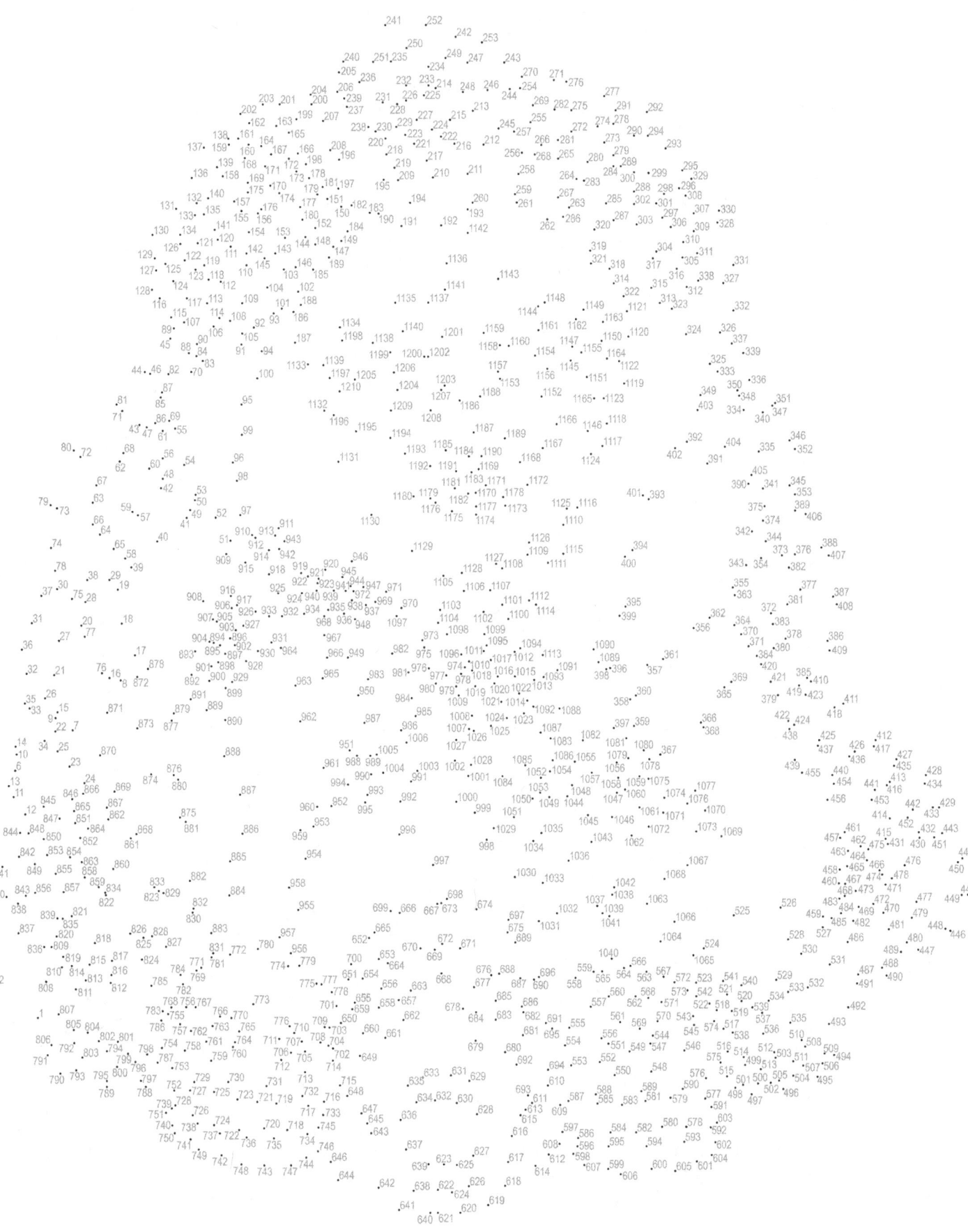

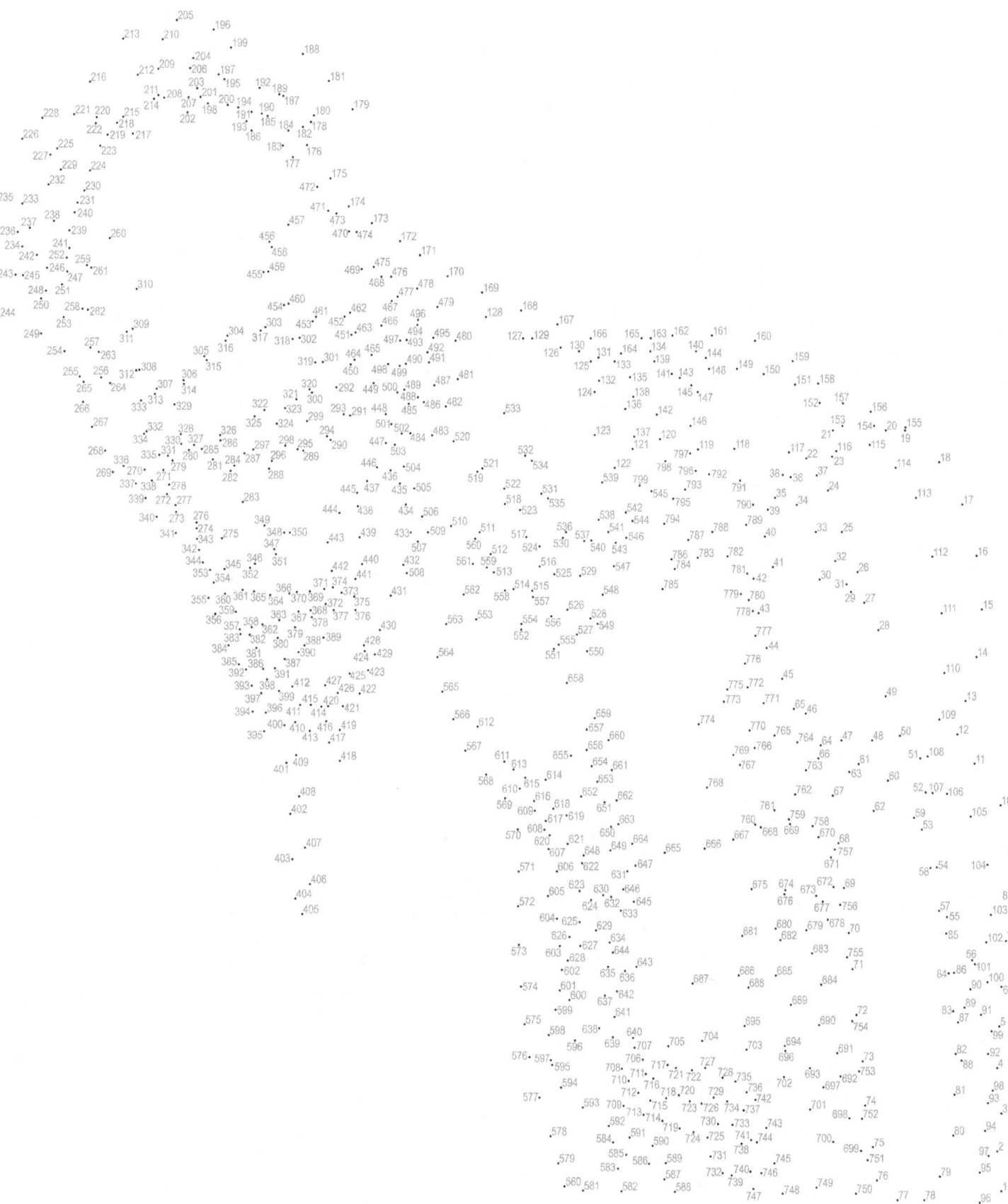

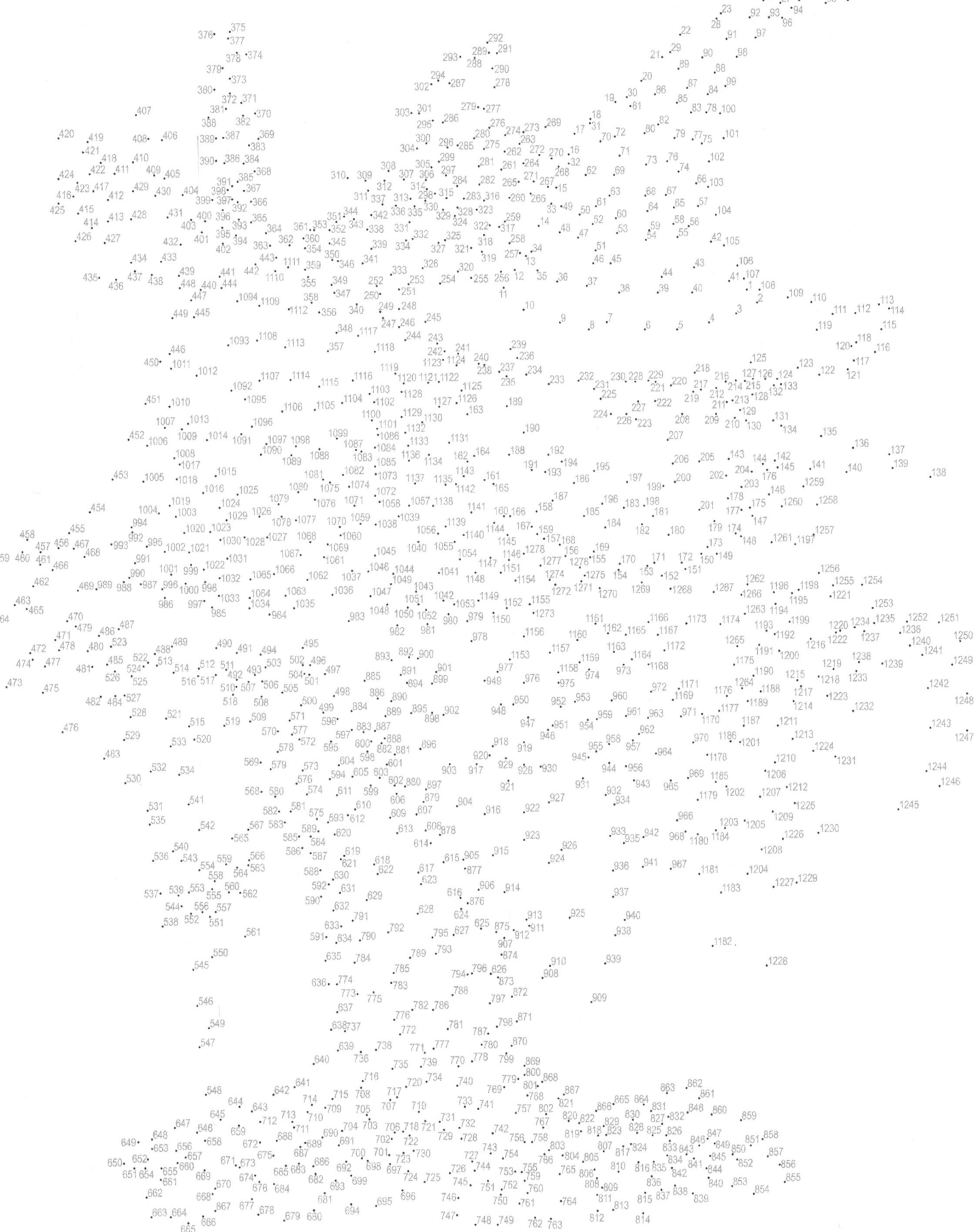

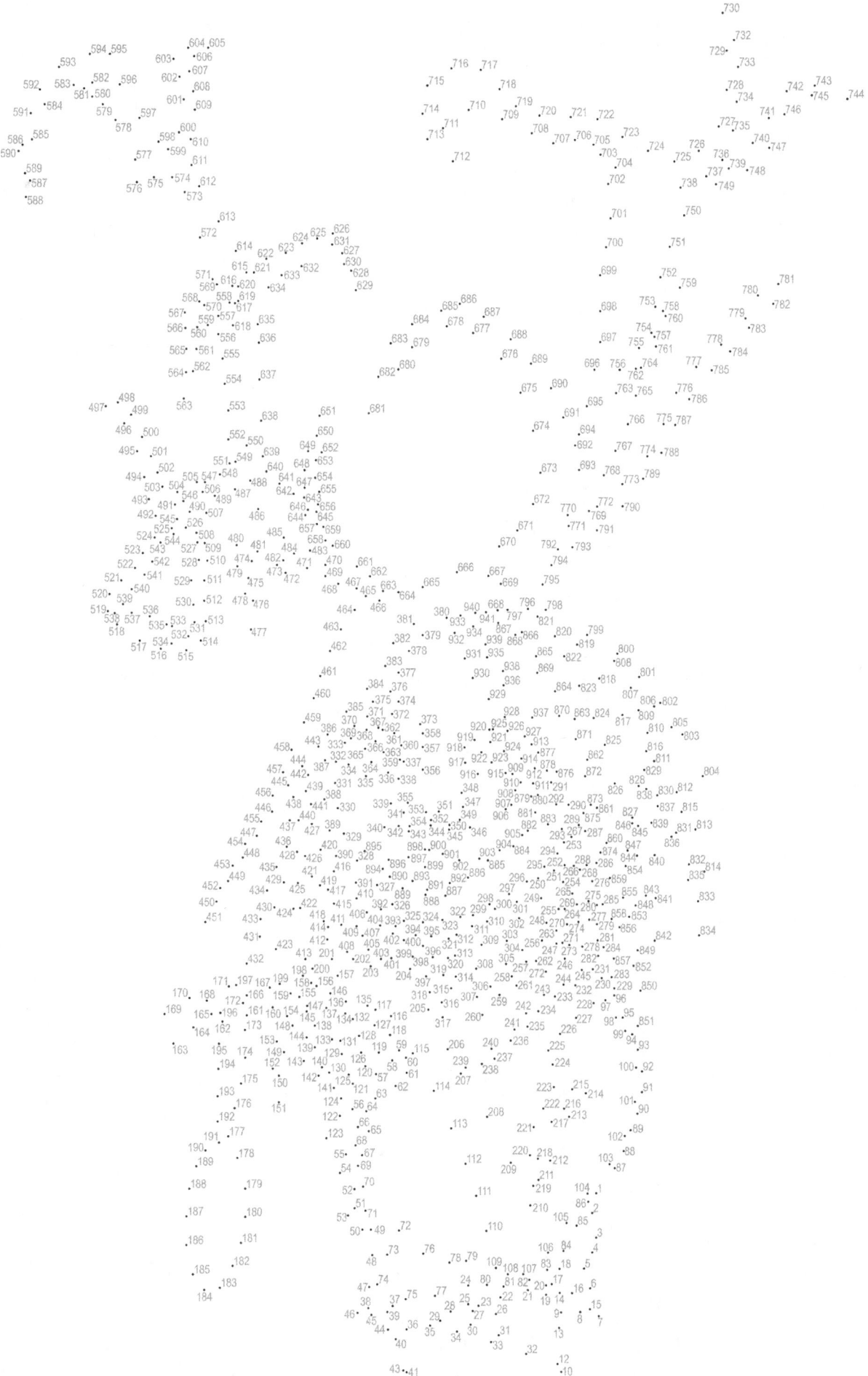

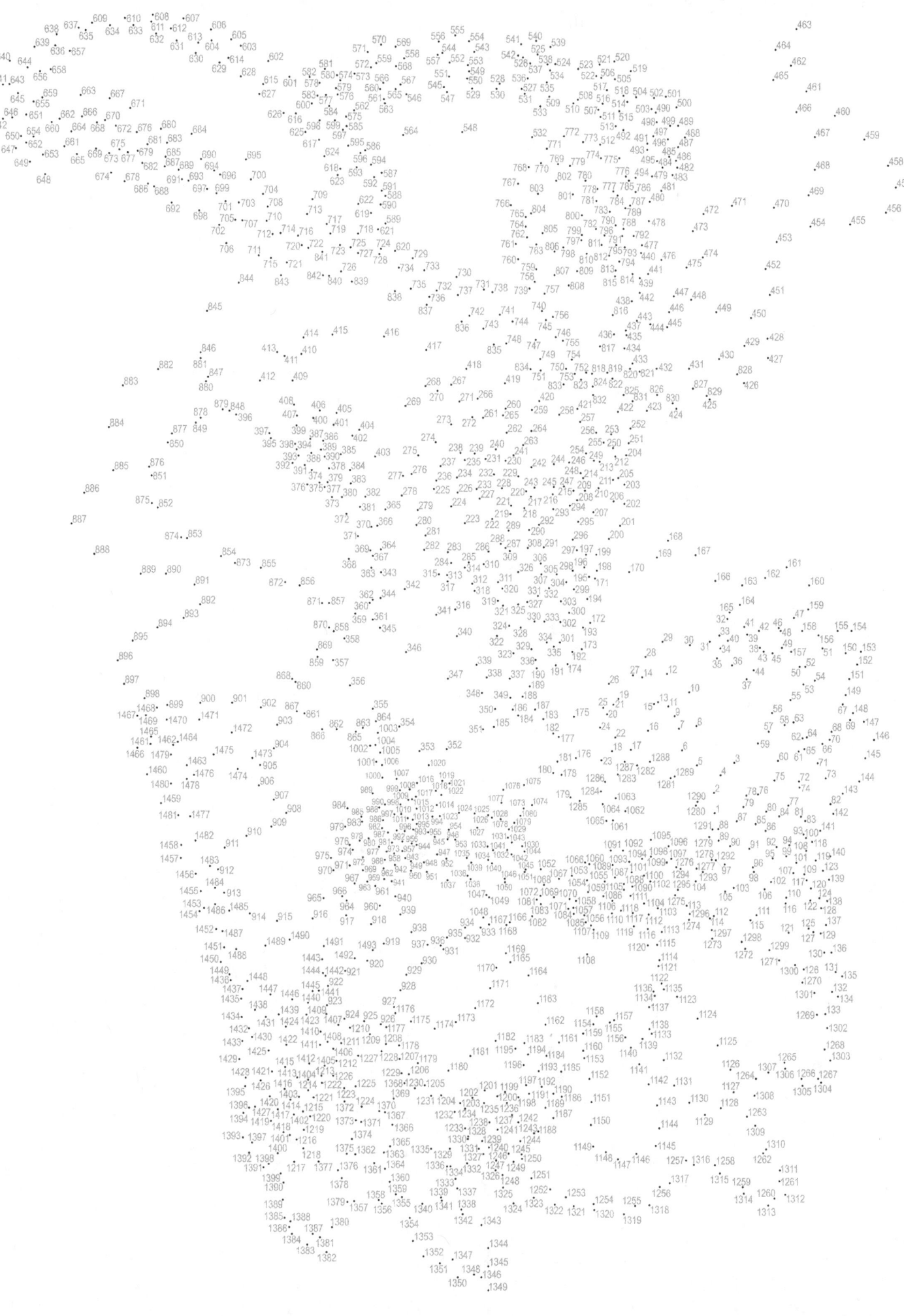

SOLUTIONS

SOLUTIONS

Page 3: Mummy

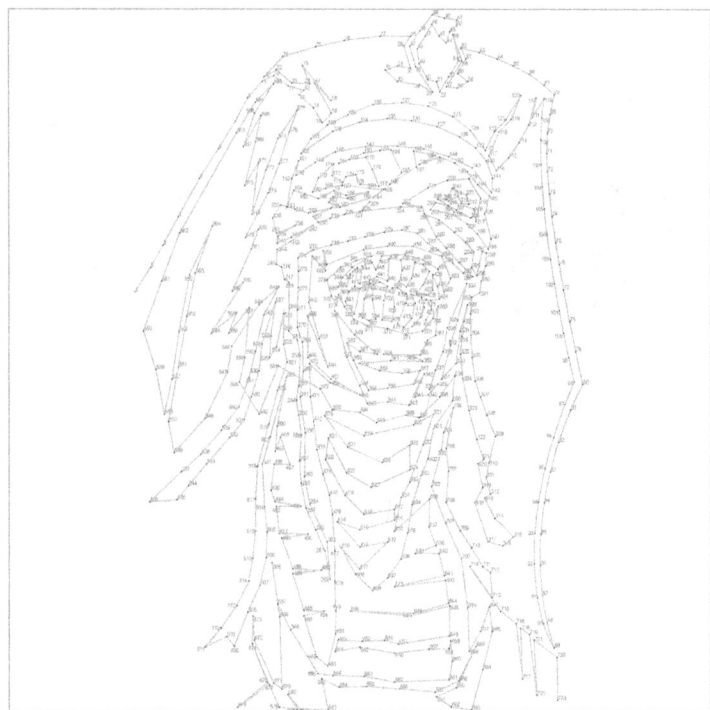

Page 5: Demon

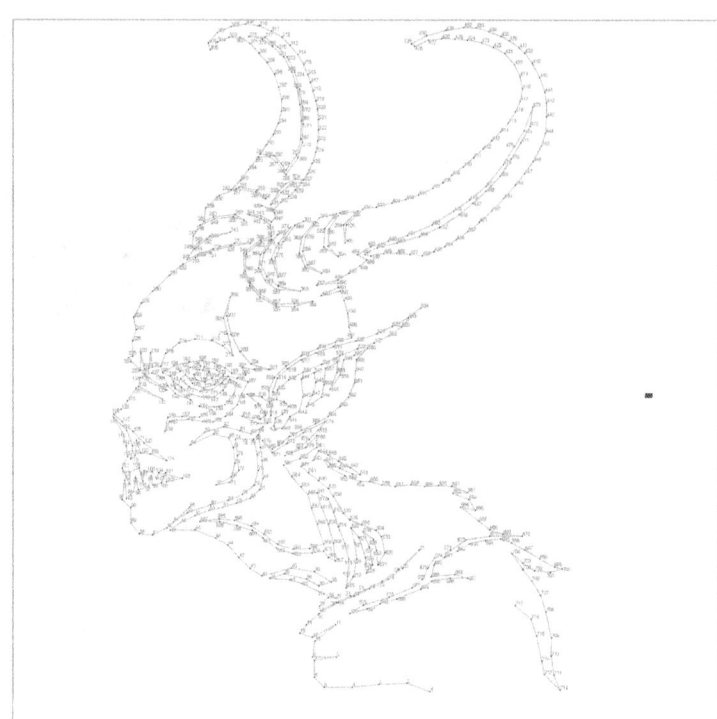

Page 7: Voodoo Doll

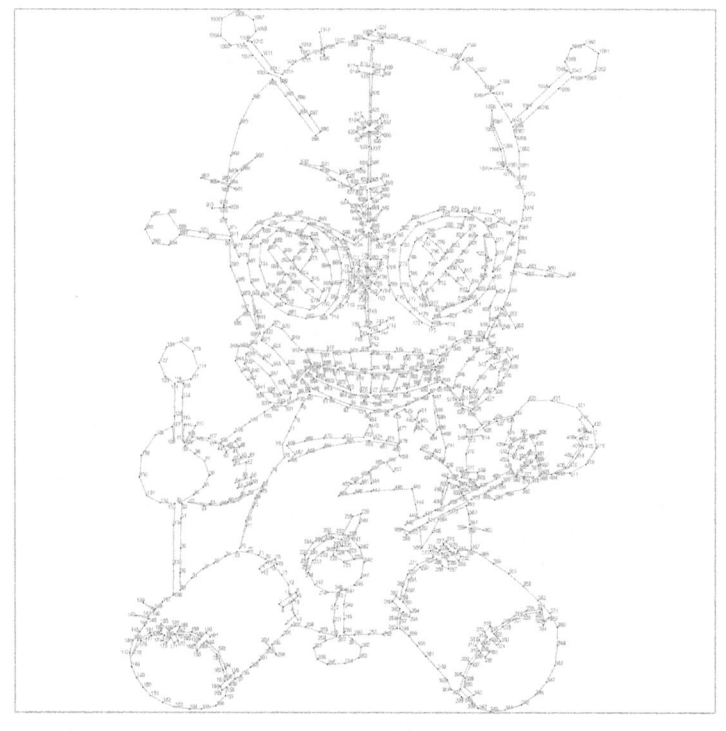

Page 9: Reaper

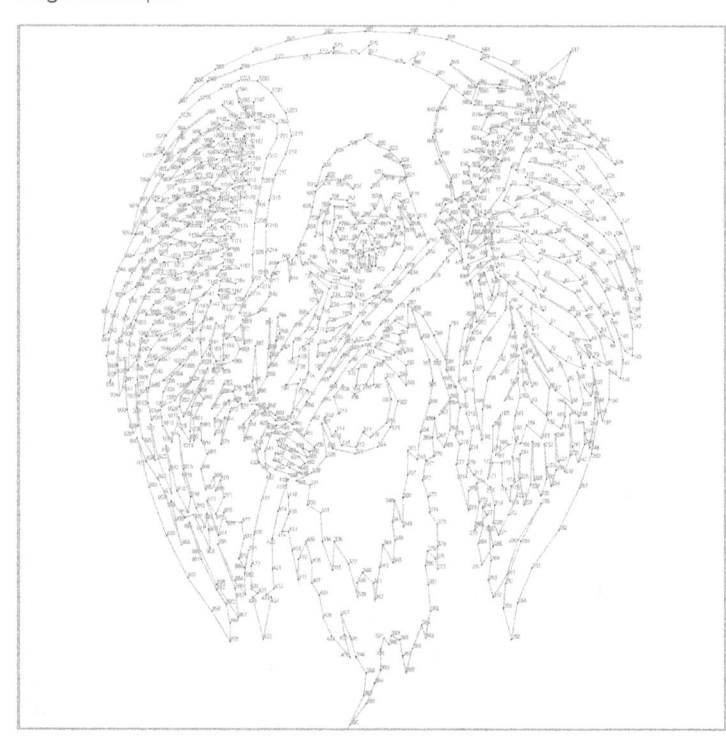

SOLUTIONS

Page 11: Vampire

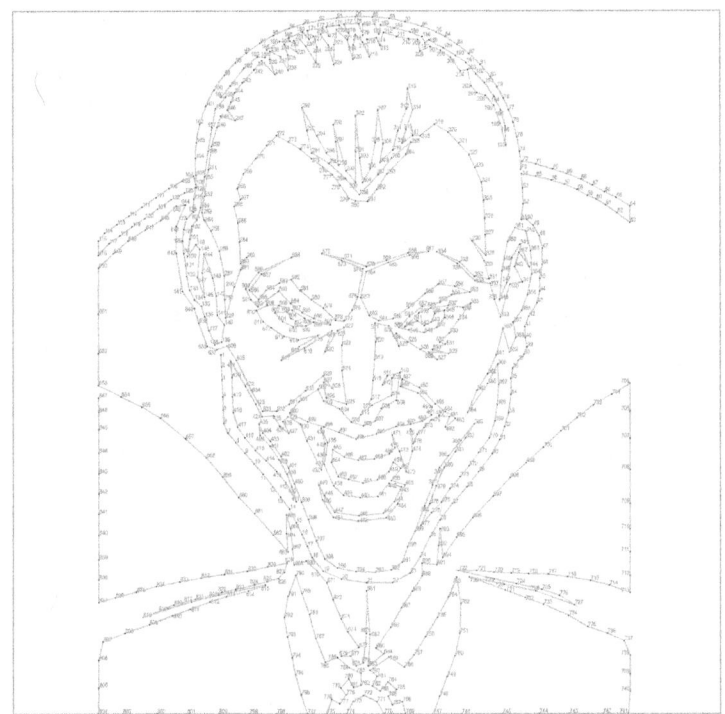

Page 13: Scarecrow

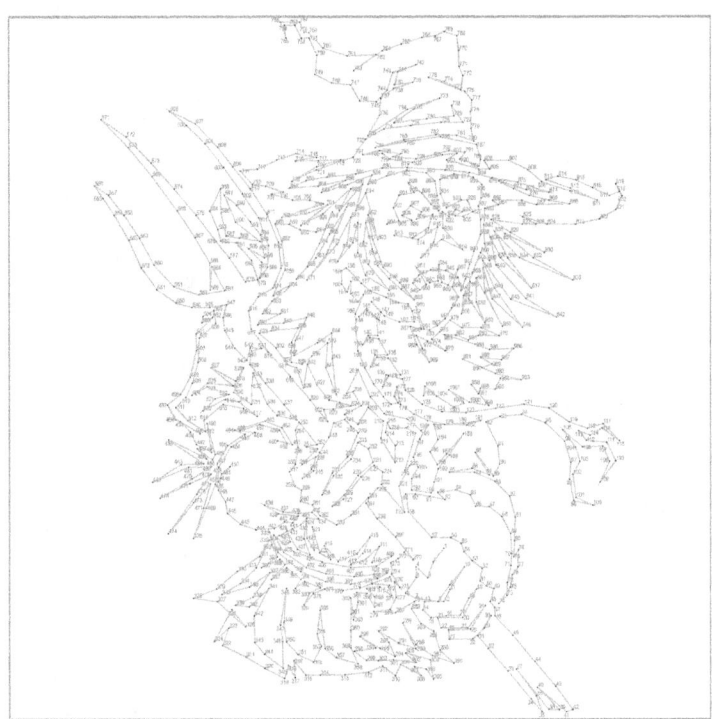

Page 15: Zombie Clown

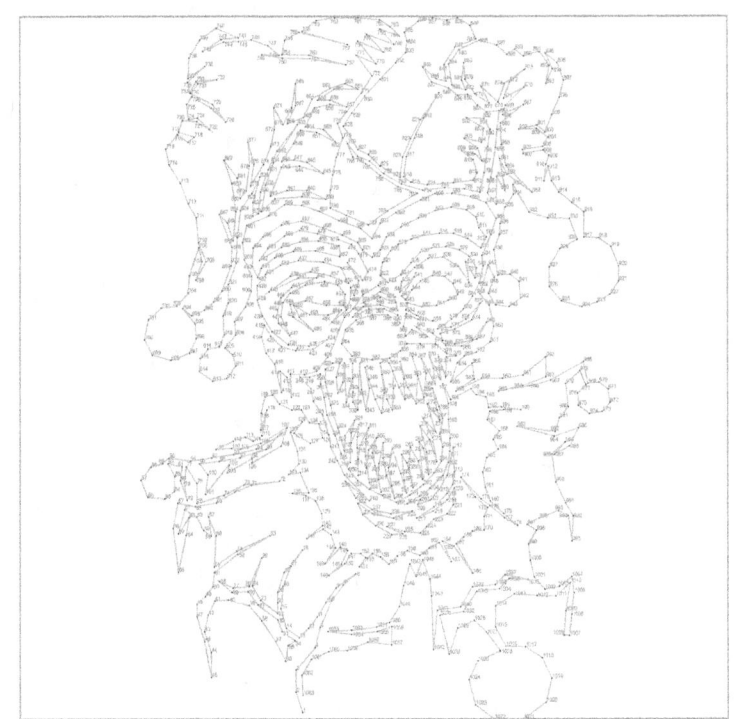

Page 17: Crow and Zombie

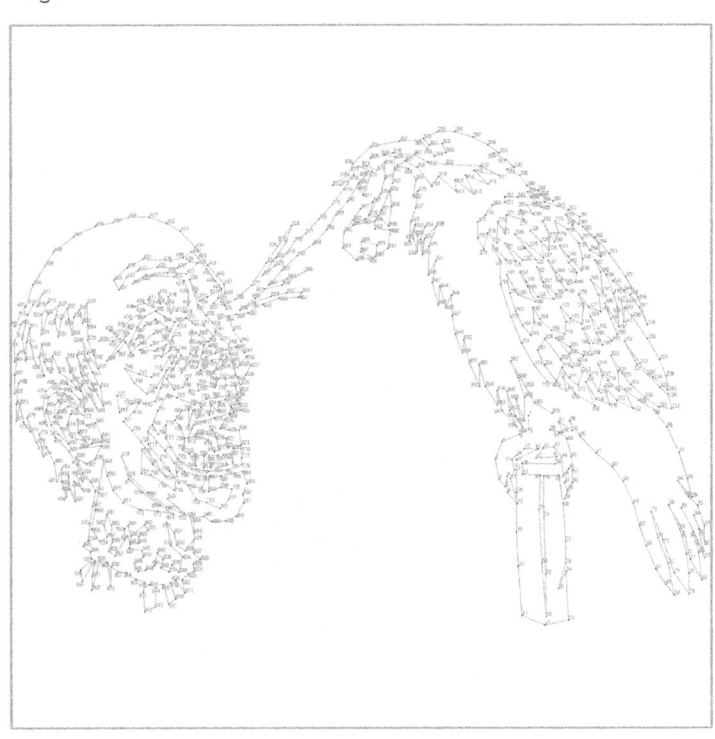

SOLUTIONS

Page 19: Zombie Girl and Cat

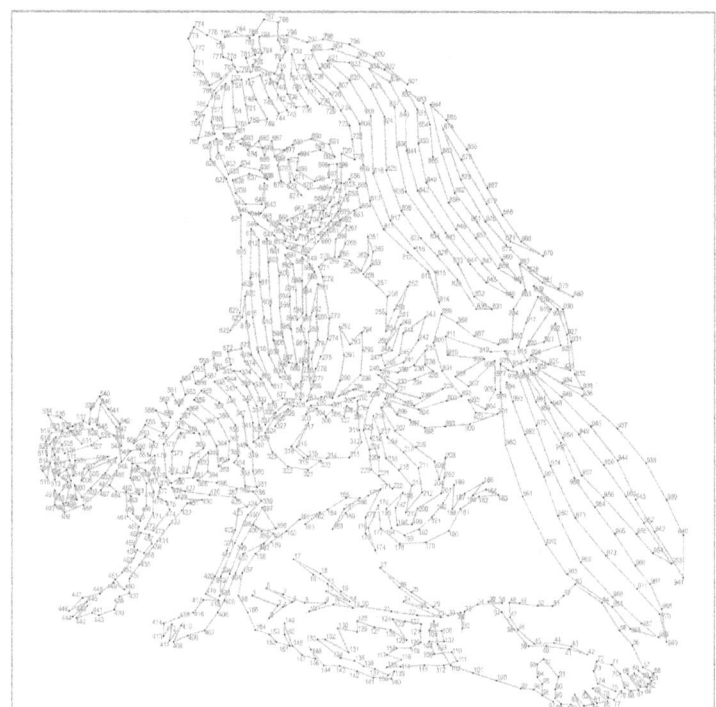

Page 21: Werewolf

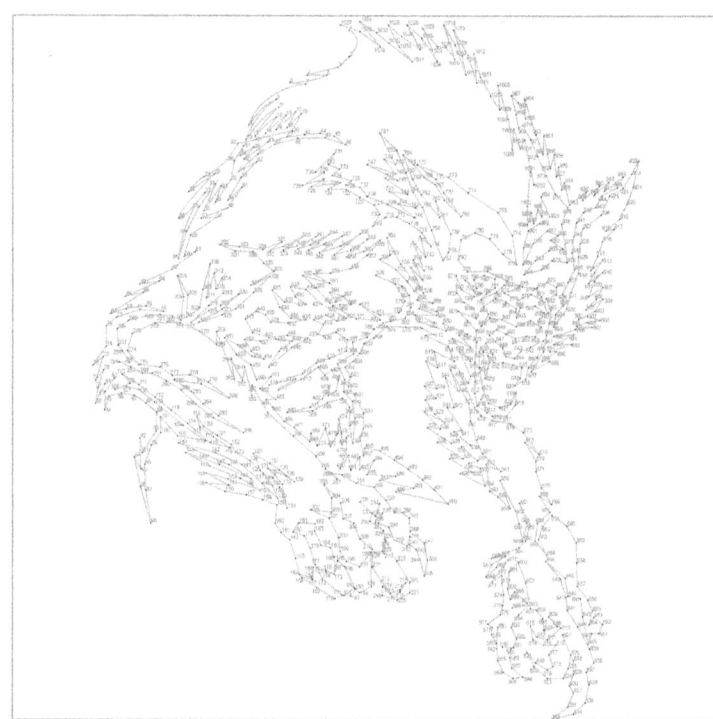

Page 23: Demon

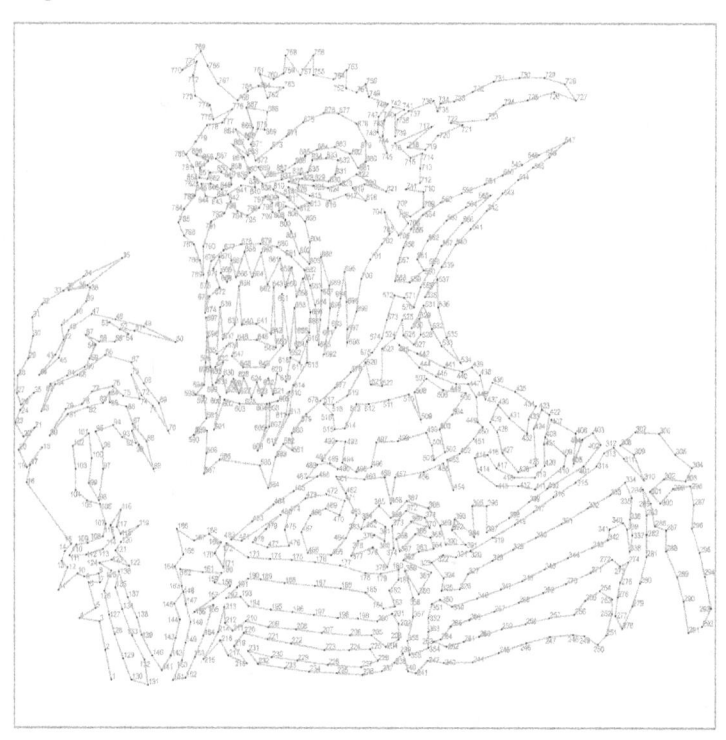

Page 25: Voodoo Witch

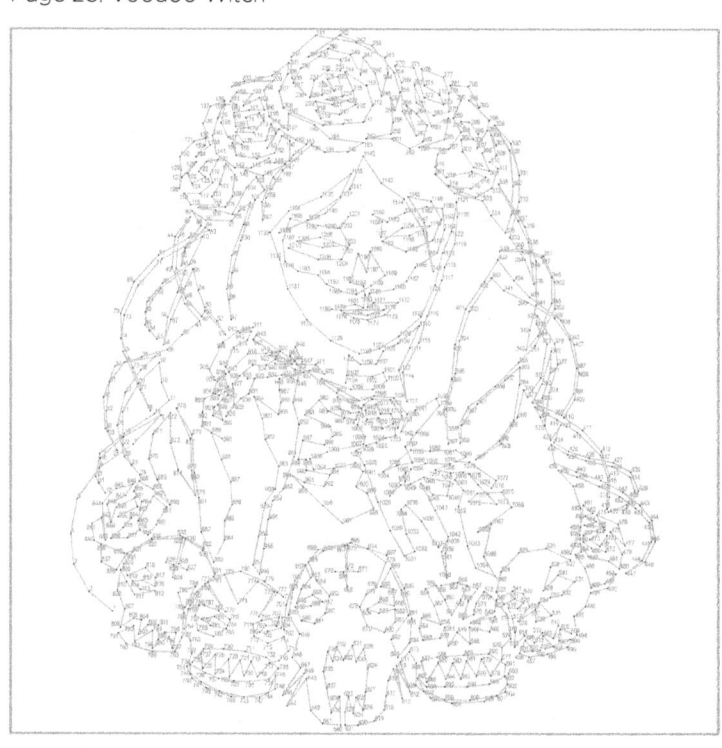

SOLUTIONS

Page 27: Zombie

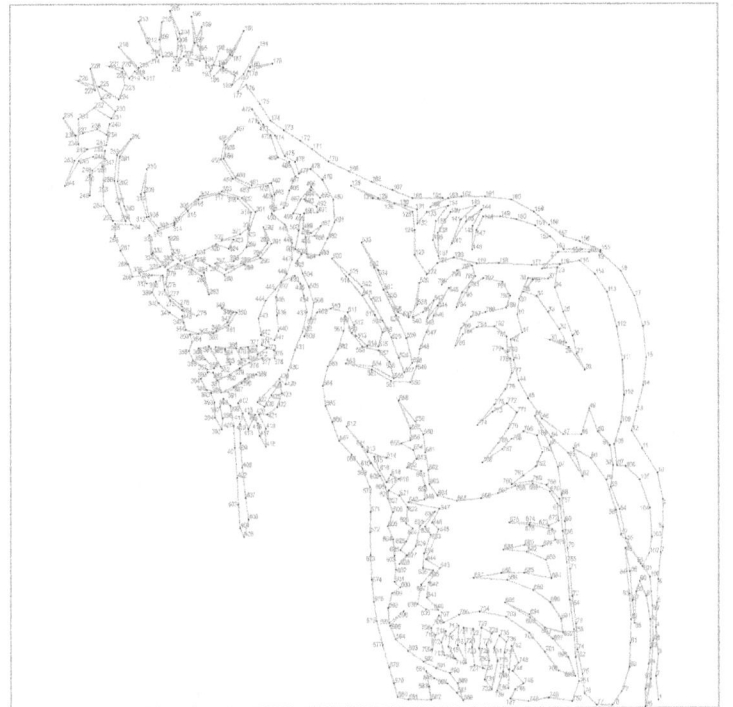

Page 29: Plague Doctor

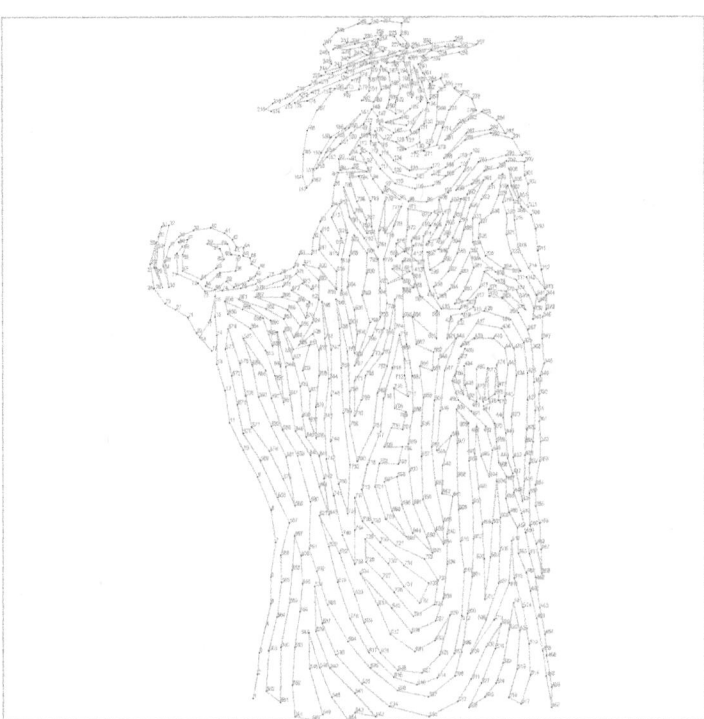

Page 31: Female Ghost

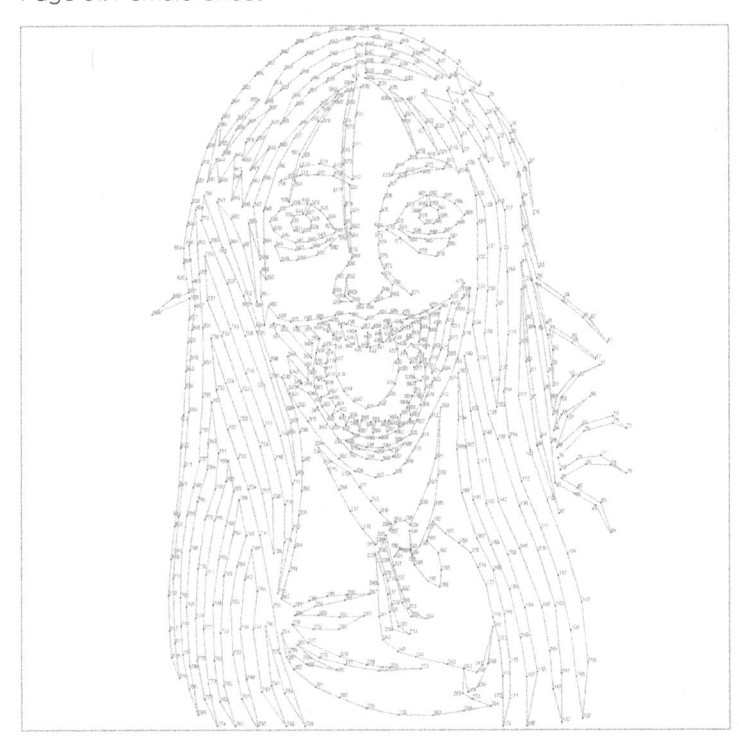

Page 33: Female Demon

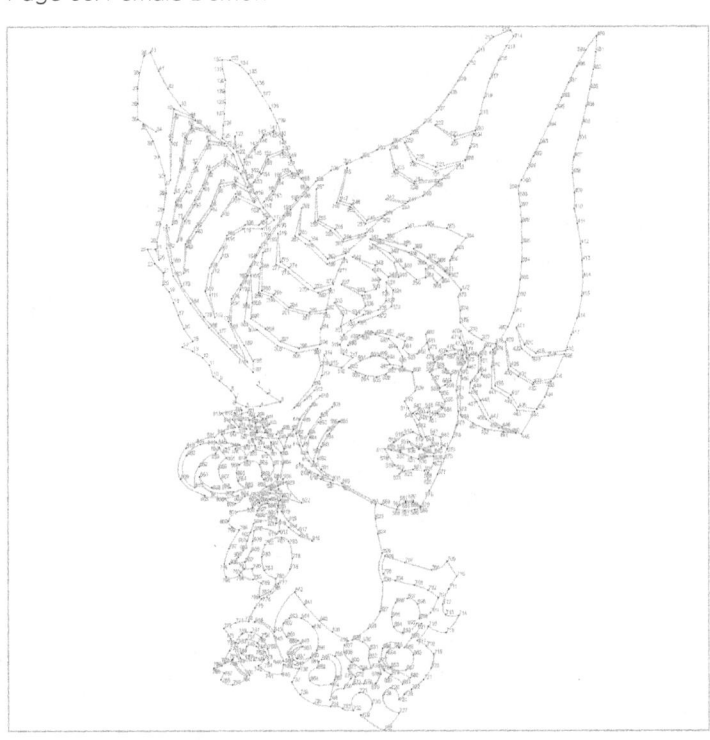

SOLUTIONS

Page 35: Creepy Creature

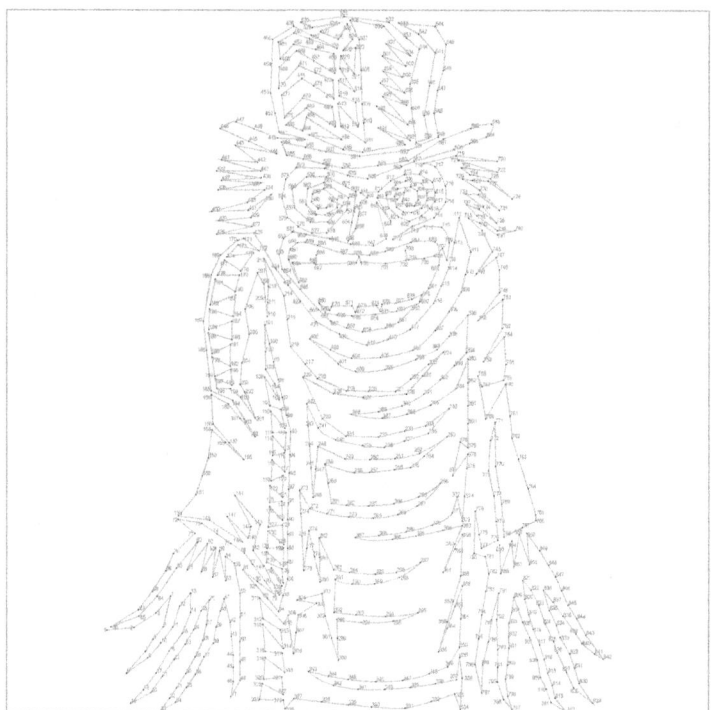

Page 37: Alien

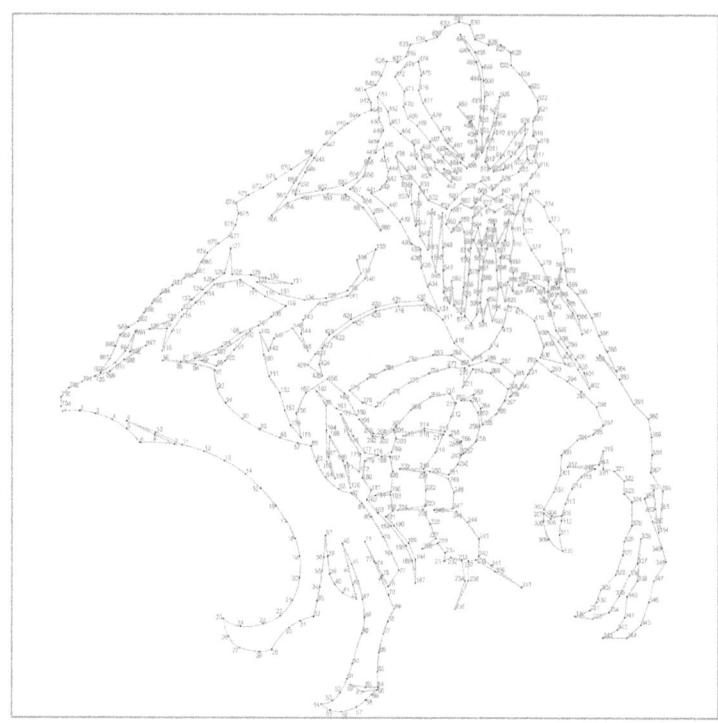

Page 39: Zombie

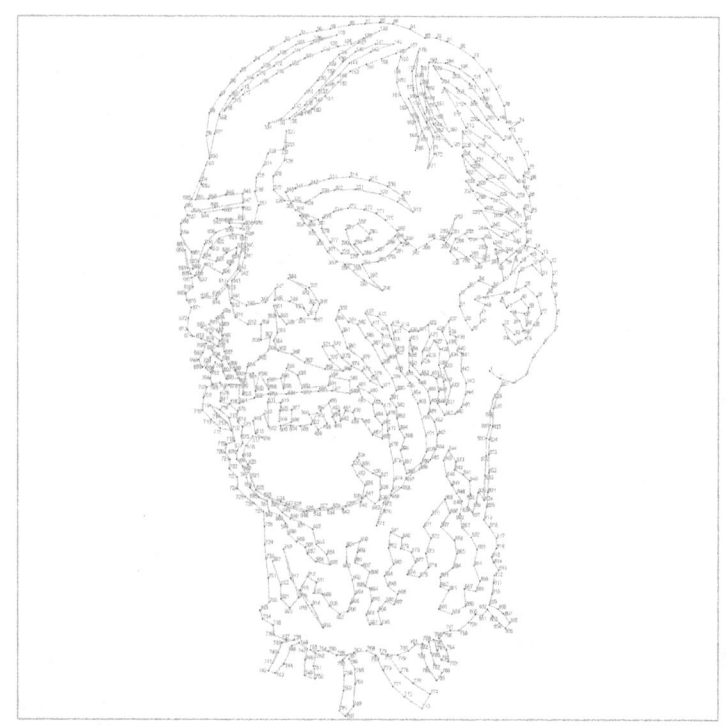

Page 41: Creepy Tree

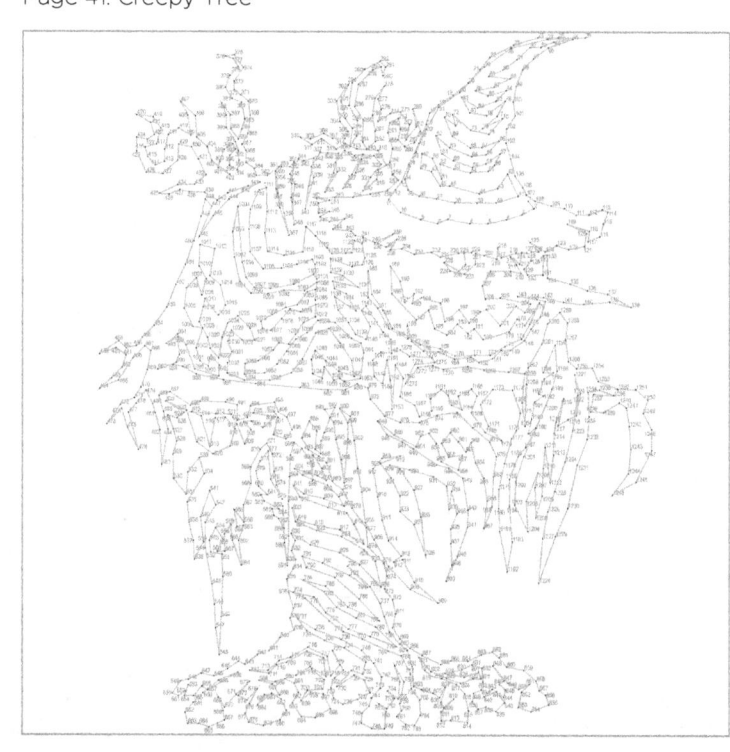

SOLUTIONS

Page 43: Zombie

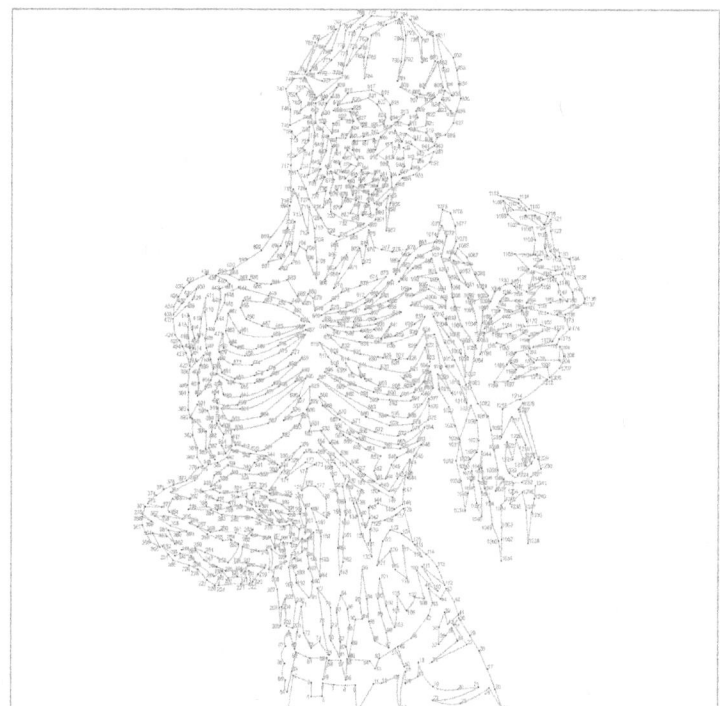

Page 45: Murderer

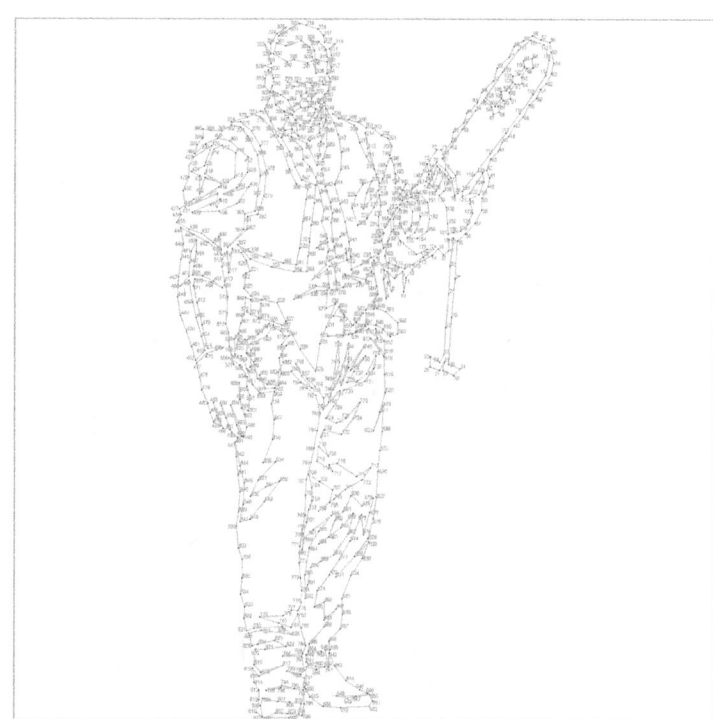

Page 47: Eaten from within

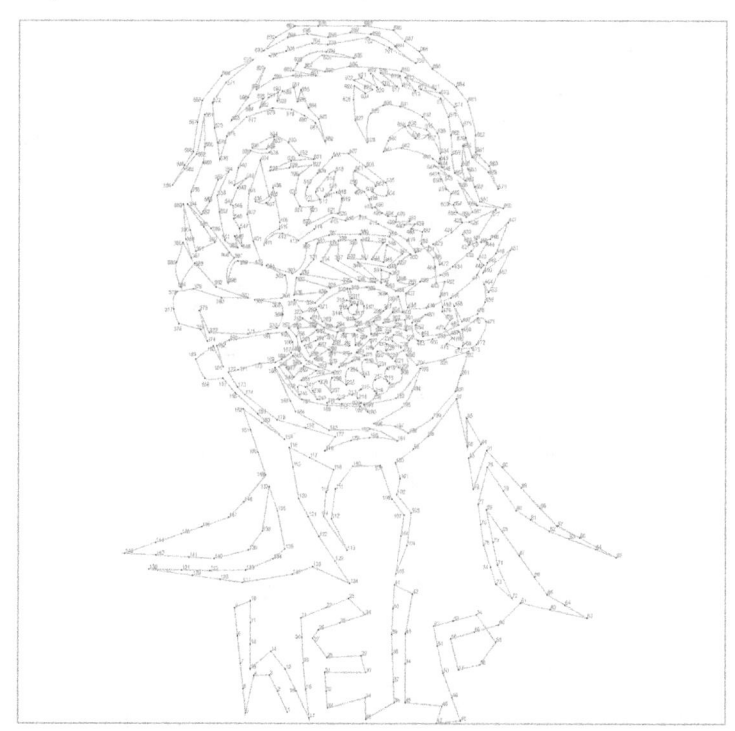

Page 49: Haunted Girl

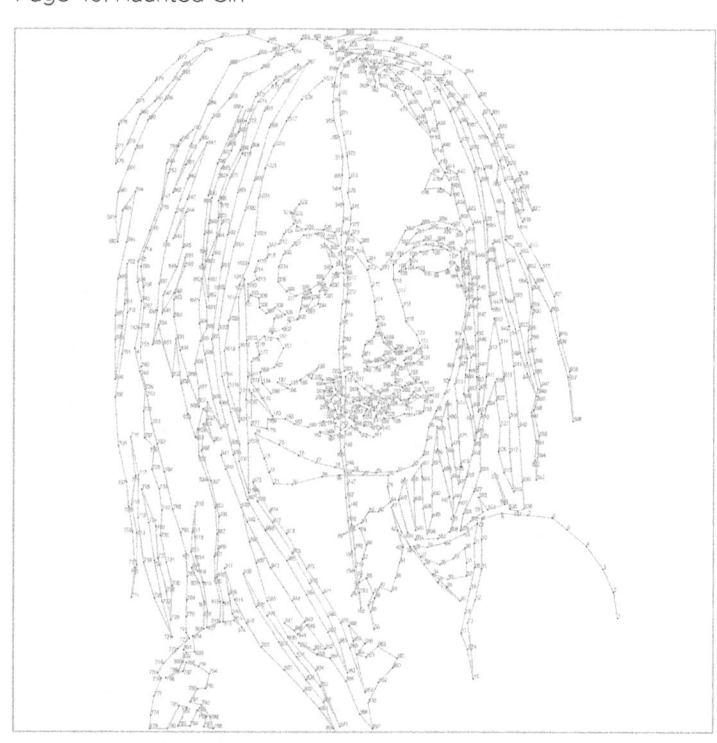

SOLUTIONS

Page 51: Zombie Monster

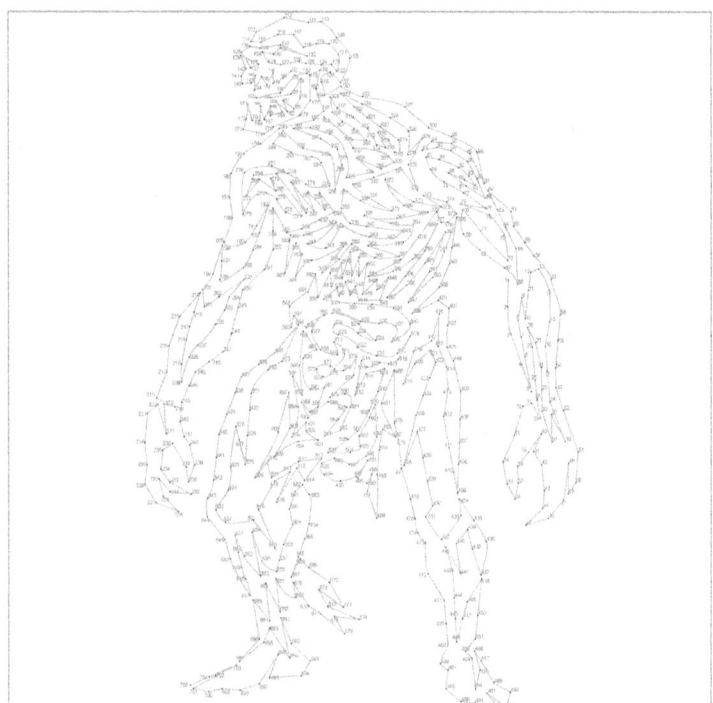

Page 53: Demon Forest Girl

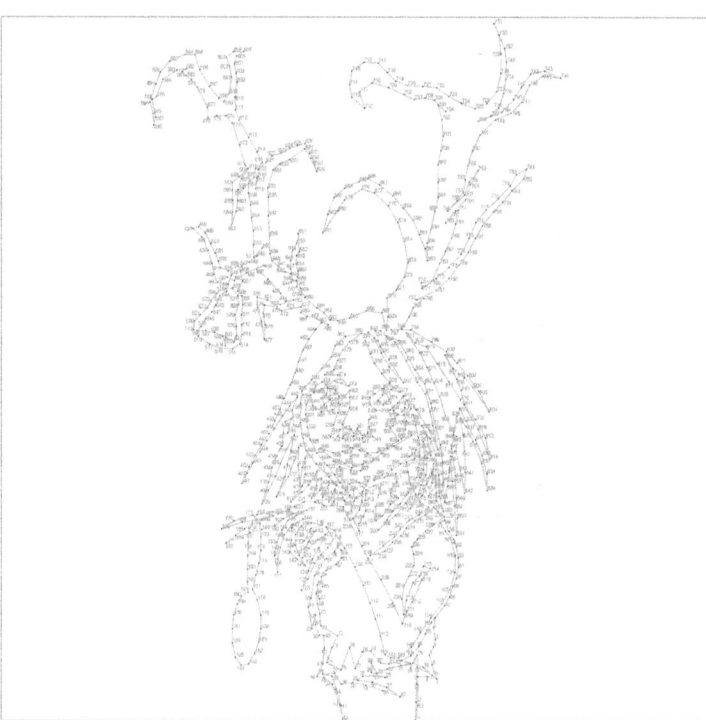

Page 55: Devil's nun

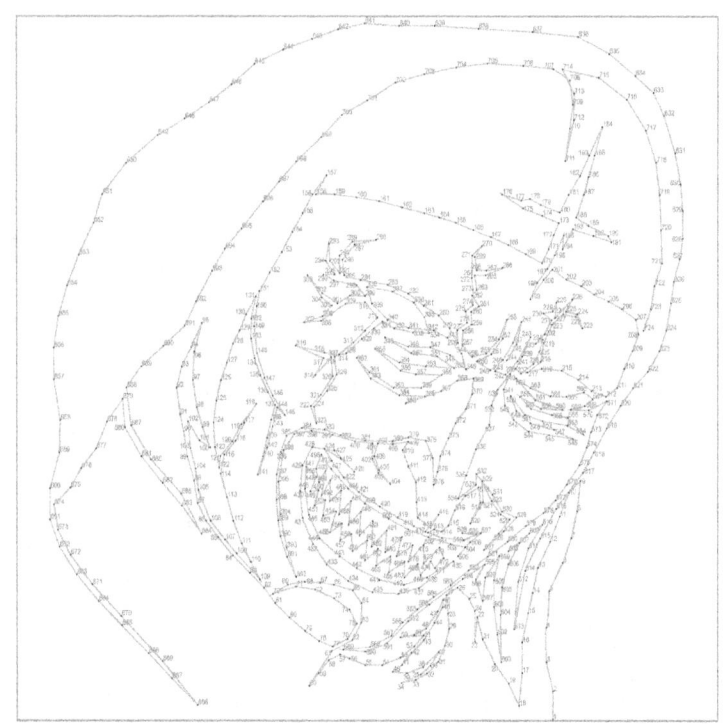

Page 57: Grim Reaper

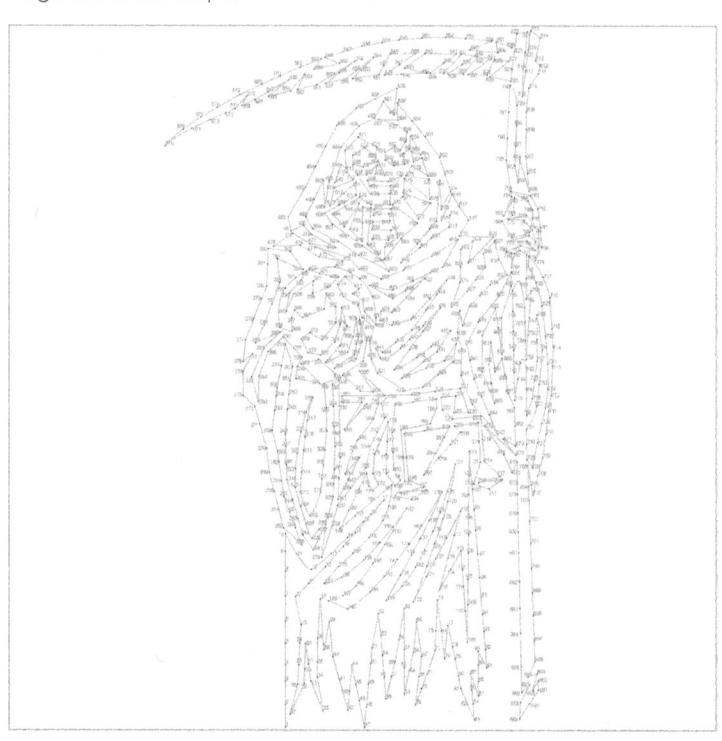

SOLUTIONS

Page 59: Voodoo Queen

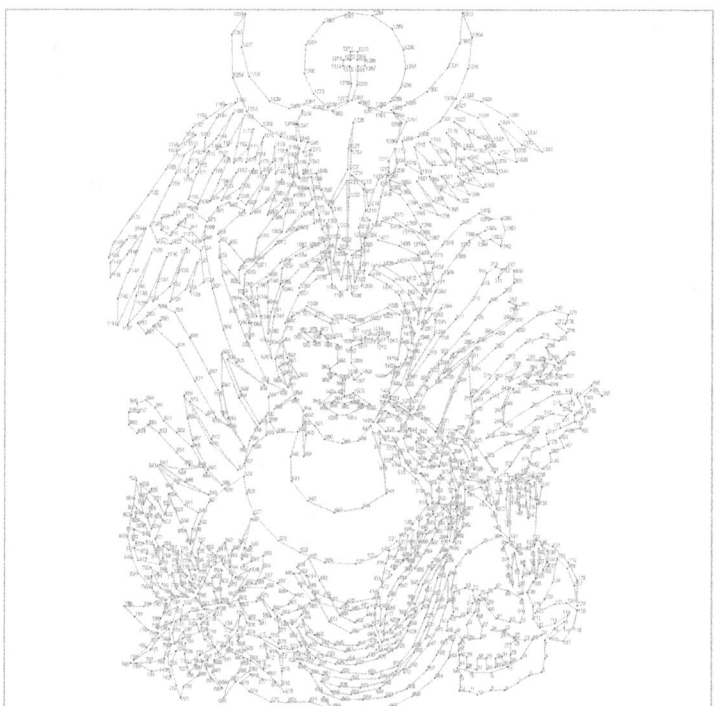

Page 61: Alien Monster

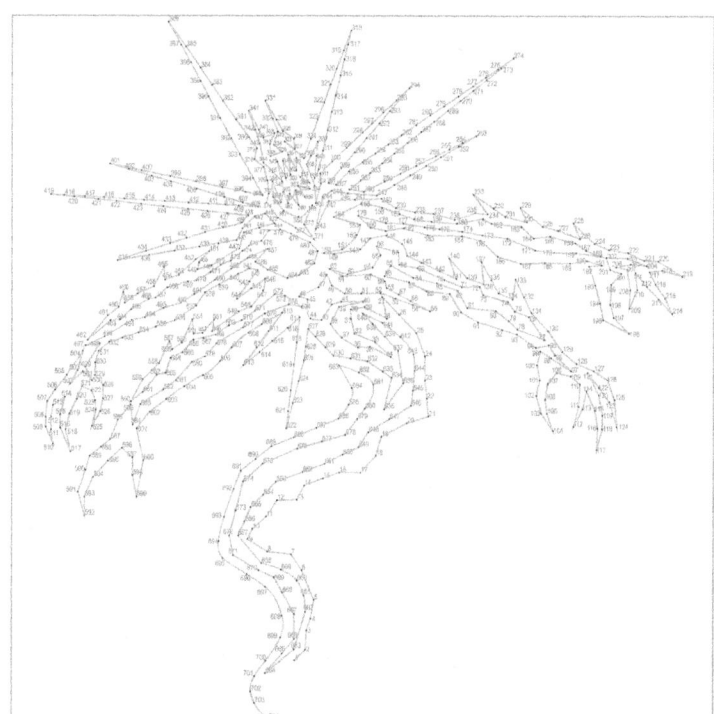

Page 63: Deadly Clown

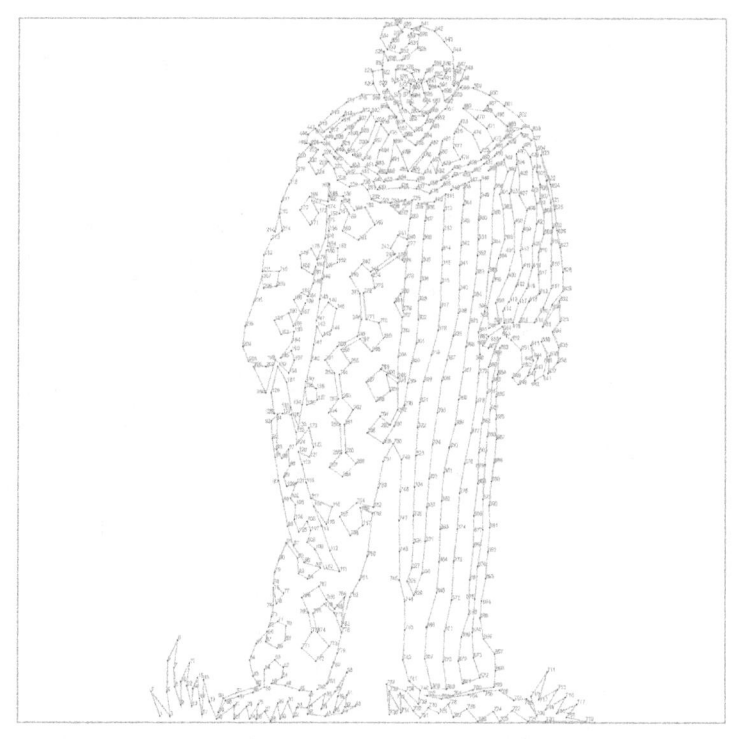

Page 65: Witch

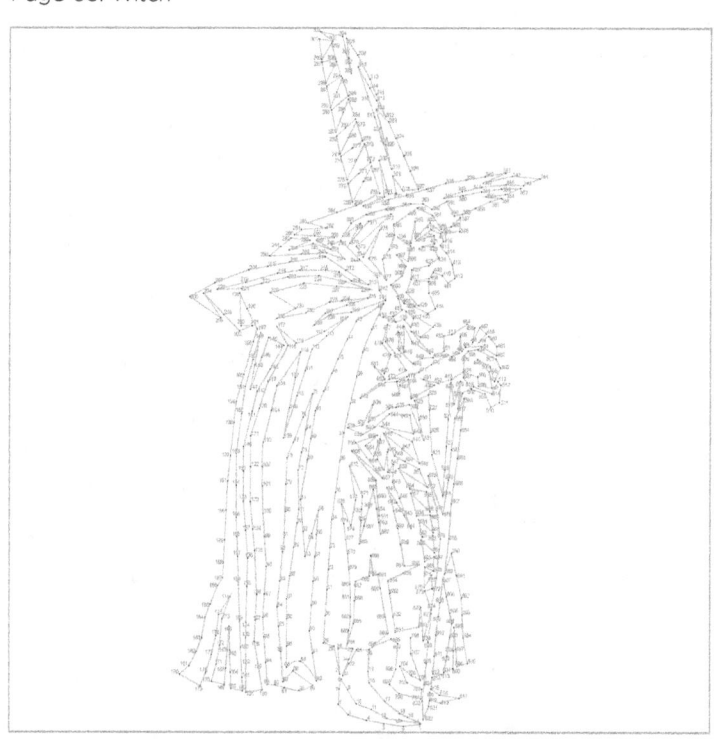

SOLUTIONS

Page 67: Zombie

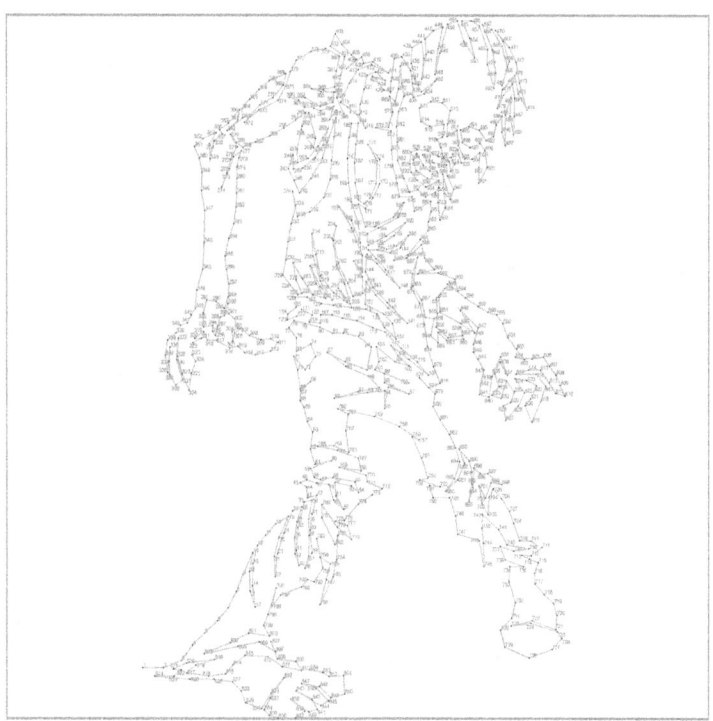

Page 69: Voodoo Wizard

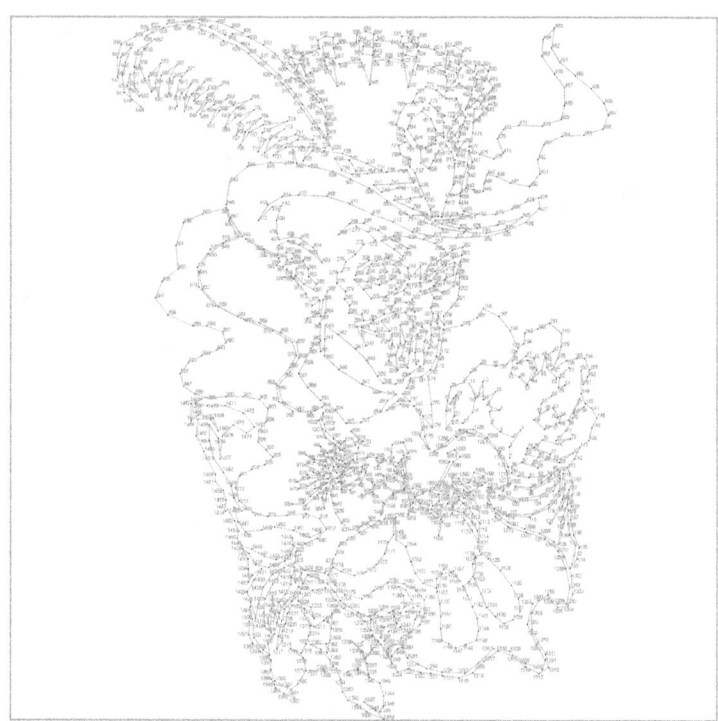

Page 71: Mummy

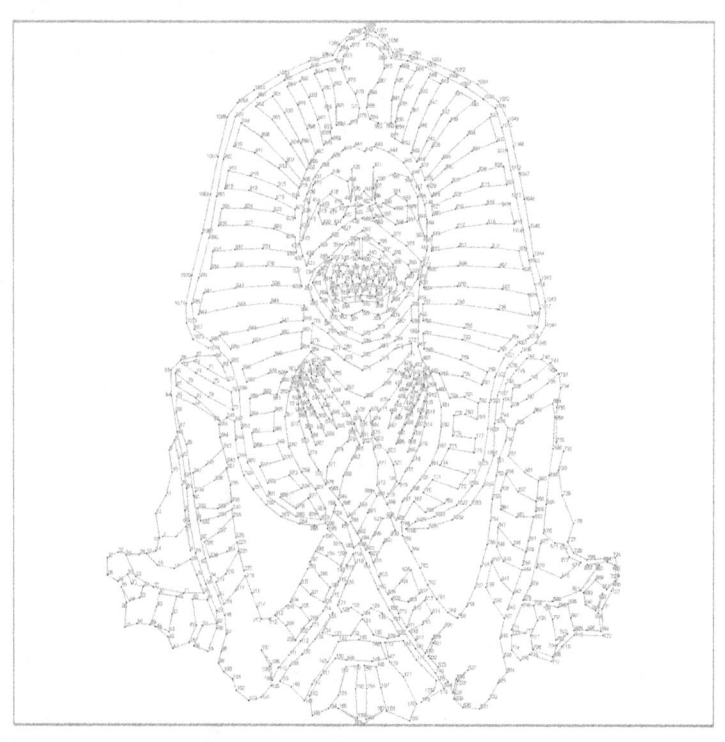

Page 73: Clown

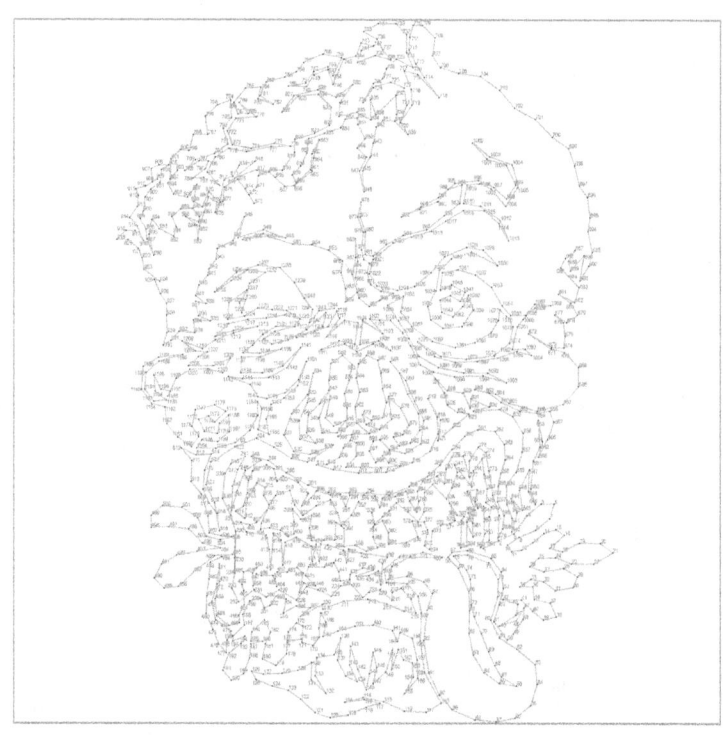

SOLUTIONS

Page 75: Headless girl on swing

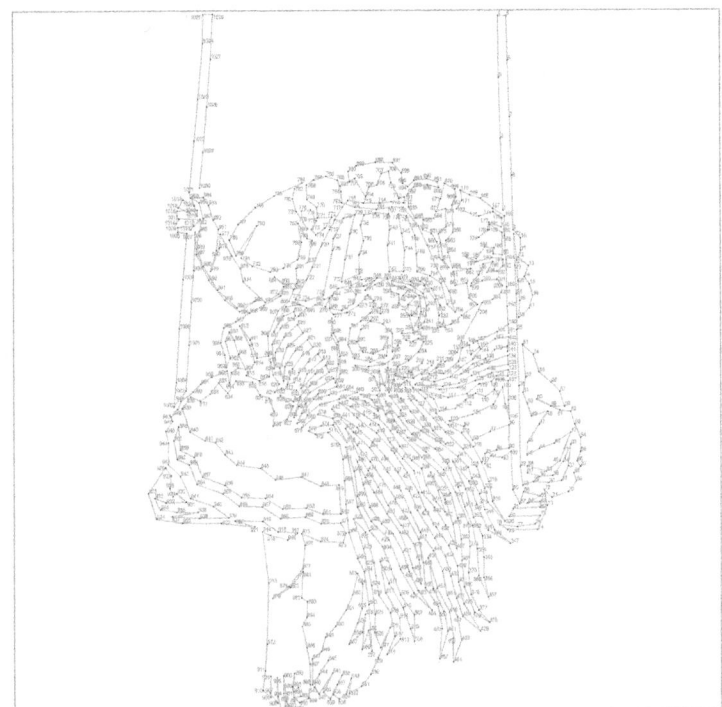

Page 77: Diablo

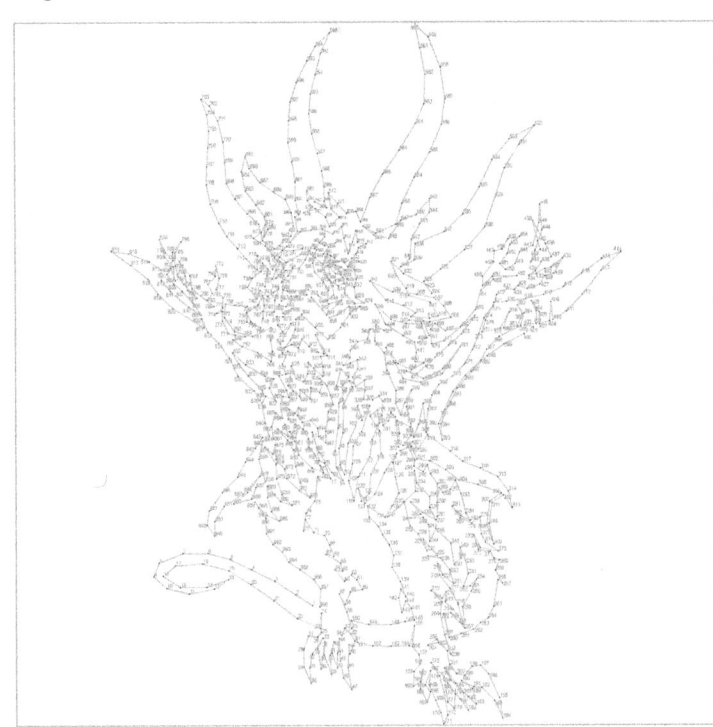

Page 79: Puppet player

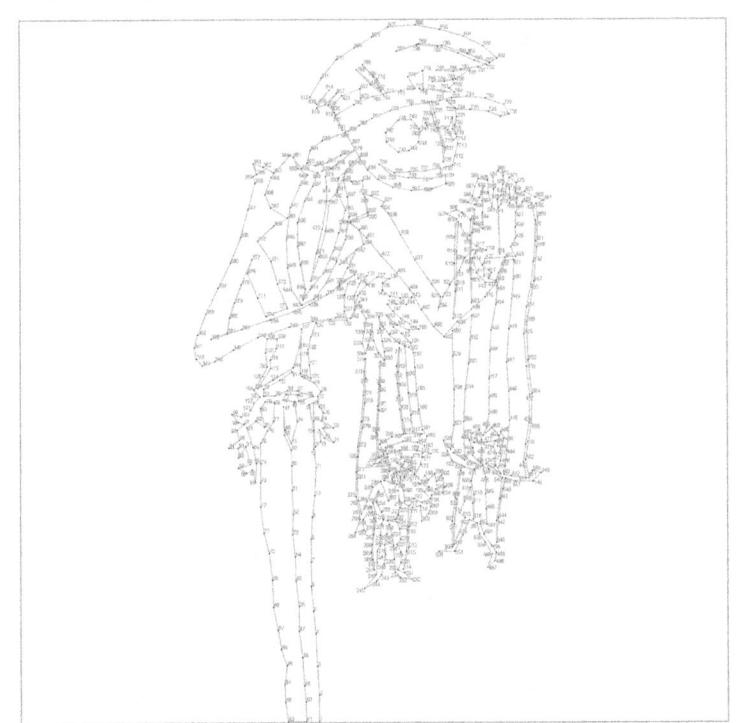

Page 81: Zombie girl in a coffin

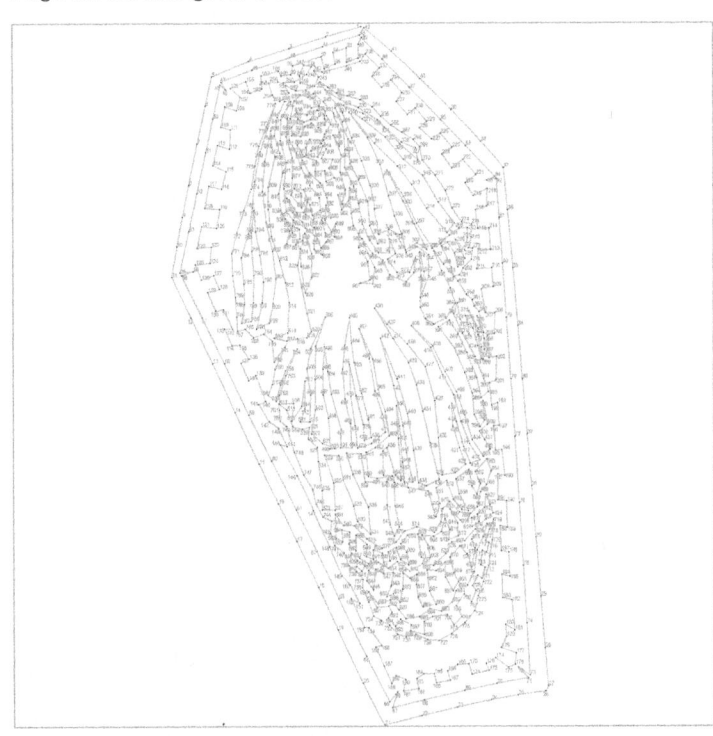

www.ingramcontent.com/pod-product-compliance
Lightning Source LLC
Chambersburg PA
CBHW082115220526
45472CB00009B/2189